W0339939

DON BOSCO

Ingrid Gnettner

Neue Spiel- und Bewegungslieder

Mit Musik-CD

Die schönsten Ideen für Krippe, Kita und Eltern-Kind-Gruppen

DON BOSCO

Gerne nehmen wir Ihre Anregungen, Wünsche, Kritik oder Fragen entgegen:
Don Bosco Medien GmbH, Sieboldstraße 11, 81669 München
Servicetelefon: (089) 48008-341

Bibliografische Information der Deutschen Nationalbibliothek

Die Deutsche Nationalbibliothek verzeichnet diese Publikation in der Deutschen Nationalbibliografie; detaillierte bibliografische Daten sind im Internet über http://dnb.d-nb.de abrufbar.

2. Auflage 2012 / ISBN 978-3-7698-1880-2
© 2011 Don Bosco Medien GmbH, München
www.donbosco-medien.de
Umschlag und Gestaltung: ReclameBüro, München
Illustrationen: Eva Gnettner, München
Notensatz: Nikolaus Veeser, Schallstadt
Satz: Don Bosco Kommunikation GmbH, München
Produktion: Don Bosco Druck & Design, Ensdorf

Gedruckt auf umweltfreundlichem Papier

Inhalt

7 Eine Welt voller Klänge
11 Zu den Liedern dieses Buches
12 Zur beiliegenden Musik-CD

13 Ich wünsch euch einen guten Tag
Begrüßungslieder

15 Ich wünsch euch einen guten Tag
16 Guten Morgen, liebe Augen
18 Guten Morgen, Sonne
19 Heute ist ein schöner Tag
20 Ich begrüß dich: Hallo!
21 Hallo, Kinder, schlaft ihr?
22 Heiho, heiho, wer hüpft denn da so?
23 Guten Morgen, sagt der Elefant
24 Einmal hin und einmal her

25 Der kleine Bär ist aufgewacht
Von großen und kleinen Tieren

27 Ich bin ein dicker Elefant
28 Der kleine Bär ist aufgewacht
30 Kennst du dieses große Tier?
31 Der Frosch ist heute ganz allein
32 Hasen-Spiellied
33 Scheint die Sonne hell und klar
34 Das Krokodil
35 Ach, wie mag das lustig klingen
36 Eine kleine Spinne

38 Wir tanzen im Kreis
Lieder zum Tanzen und Spielen

41 Wir tanzen im Kreis
42 Der Peter tanzt bei uns im Kreis
43 In unsrer Mitte sitzt ein Mann
44 Wer will heute bei uns tanzen?
45 Wir gehn im Kreis zur Tanzmusik
46 Alle Kinder gehn spazieren
47 Sie tanzen rundherum
48 Der Erste geht im Kreis herum
49 Mein Pferdchen
50 Im Garten
51 Das Schifflein
52 Fünf kleine Zwerge

53 Sonnenschein und Regen
Vom Wetter und von den Jahreszeiten

55 Hallo, Sonne
56 Frühlingslied
58 Blätter fallen auf die Erde
59 Im Winter
60 Wie es regnet heute!

61 Sonnenschein und Regen
62 Der Wind
63 Wenn ich aus dem Fenster schau
64 April
66 Lied von den Jahreszeiten

67 Krabbelfinger krabbeln leise
Leise Lieder

69 Ich geh mit meinem Glöckchen
70 Bin ich still
72 Krabbelfinger
74 Eine Kugel, kugelrund
75 Mein Stein
76 Mein Schaukelstuhl
77 Ich gehe meinen Weg
78 Leise, leise
79 Wir zünden ein Licht an

80 Durch den Tag und durch das Jahr
Mit Liedern Rituale begleiten

82 Lied vor dem Essen
83 Lied vor der Ruhezeit
84 Dankelied
85 Tritt durch das Tor hinein
86 Lied vom Wünschen
87 Geburtstagslied
88 Die Wochentage
90 Ein Jahr geht zu Ende
92 Abschiedslied

96 Zur beiliegenden Musik-CD

Eine Welt voller Klänge

Kleine Kinder lieben Musik. Sie lauschen der Melodie einer Spieluhr, den Geräuschen, die ihnen in ihrer Umwelt begegnen und die sie selbst erzeugen, aber vor allem der menschlichen Stimme ihres Gegenübers, die auch im Sprechen meist ein abwechslungsreicher Singsang ist, wenn die Kinder noch sehr klein sind.

Kleine Kinder sind fasziniert von Instrumenten, von den Saiten einer Gitarre ebenso wie vom Holz der Klangstäbe oder dem Fell einer Trommel.

Für sie ist Musik noch nichts, was sie „lernen" müssen. Vielleicht steckt in ihnen noch der lebendige Rhythmus, den wir bei Südeuropäern, Afrikanern und Menschen aus Südamerika so bewundern. Mag sein, dass unsere Kleinsten dieses Gespür in sich tragen, wenn sie zu Melodien wippen und sich drehen und von den ersten Akkorden einer Gitarre magisch angezogen werden. Sie unterbrechen oft das, womit sie sich gerade beschäftigen, sie lauschen und kommen näher, um ganz dabei zu sein. Erst in der Zeit, in der sie mehr „lernen" müssen als „sich entwickeln" dürfen, verlieren sie wohl meistens dieses ursprüngliche musikalisch-rhythmische Gefühl.

Für kleine Kinder ist Musik ein ganzheitliches Tun. Sie drücken in einem Lied ihre eigene Stimmung mit dem ganzen Körper aus, sie klatschen dazu, hüpfen und drehen sich. Sie bewegen sich, wenn etwas sie bewegt. Sie singen Lieder, die sie kennen und besonders mögen, selbständig vor sich hin, während sie spielen oder in der Zeit, in der sie sich ausruhen. Sie lassen sich von den Liedern im Alltag begleiten. Und sie begleiten die Melodien mit ihren eigenen Bewegungen und Klängen, ob mit dem Körper oder mit Rhythmusinstrumenten. Sie bringen ihren eigenen Klang in die Welt, aber sie bringen sich dabei mit ihrem ganzen Wesen ein.

Manche Kinder erzählen singend eigene Geschichten zu einer Melodie, die sie im Sprechen erfinden. Auf gesungene Ankündigungen und Aufforderungen von Erwachsenen („Liedrufe") reagieren Kinder, die ja oft den ganzen Tag von uns Großen mit Worten überschüttet werden, meist überrascht und neugierig und viel eher als auf lediglich verbale Anreden.

Lieder haben auch im Alltag ihren Platz und sind nicht nur an Rituale und feste Zeiten gebunden. Lieder wecken die Aufmerksamkeit der Kinder, da sie aus dem üblichen Sprachklang herausfallen, weil sie „auffallen". Sprechen hat weniger Melodie als Singen und meist auch weniger Rhythmus. Beides aber regt die Kinder in ihrem Innersten an zuzuhören und mitzumachen.

Kleine Kinder brauchen Lieder, die einfach zu singen sind und der Tonlage einer Kinderstimme entsprechen. Sie brauchen Texte, die verständlich sind, aber nicht „verniedlichen". Selbstverständlich darf auch „Quatsch" gesungen werden. Kinder lieben diese Ebene, auf der sie mit dem Erwachsenen, der sonst sprachlich so gewandt ist, auf gleicher Höhe sind.

Sie brauchen Rhythmen, die sie nach kurzer Zeit klatschen, stampfen oder trommeln können, denn allzu Kompliziertes, ob im Bereich Melodie, Text oder Rhythmus, verdirbt bald die Lust am Mitmachen. Musik sollte in erster Linie Ausdruck von Lebensfreude sein!

Kinder erfahren im Lied, dass Sprache klingt, sie lernen spielerisch Laute, Struktur und Wortschatz und vergessen im Singen oft ihre Hemmungen im Umgang mit den Wörtern. Die Melodie trägt bisweilen die Worte, die sonst für Kinder so schwer auszusprechen sind, ohne Mühe mit sich fort. Wir sollten dieses einfache und lustvolle „Arbeitsmittel" für die Sprachförderung so oft wie möglich nützen!

Kinder lieben es aber auch, wenn man für sie singt, sie hören bei den Liedern, die anfangs noch zu schwierig zum Mitsingen sind, oft aufmerksam zu (sofern Text und Melodie sie ansprechen), wiegen sich, klatschen und begleiten mit Gesten das Gesungene.

Nach und nach entwickeln sich Lieblingslieder, die sich die Kinder immer wieder wünschen. Einige Lieder sind das auch schon von Anfang an! Bei uns war das zum Beispiel über viele Wochen lang das Lied von der kleinen Spinne.

Kindern wird es nicht langweilig, wieder und wieder das gleiche Lied zu singen; sie brauchen Wiederholungen – nicht nur, um zu lernen, sondern auch um Sicherheit zu erleben. Manchmal fällt es dem Erwachsenen schwer, ständig die gleiche Melodie, den gleichen Text zu singen. Für ihn ist diese „Beständigkeit“ anstrengend – wenn er sich nicht darauf einlässt, mit den Kindern gemeinsam das Vertraute mit Freude anzunehmen. Gerade bei Begrüßungsliedern wird die Wiederholung zum Ritual, das für die Kinder Tag für Tag dazugehört.

Der Erwachsene, der Kinder in ihrer Entwicklung begleitet, sollte – auch wenn er sich für „unmusikalisch“ hält – den Mut aufbringen, mit den Kleinen zusammen zu singen, zu tanzen und ihre Begeisterung für Lieder zu teilen. Vielleicht wird er nach einer Zeit spüren, wie befreiend und heilsam Musik auch für ihn sein kann.

Lassen wir uns gemeinsam auf eine klangvolle Umwelt und einen lebendigen Rhythmus ein!

Singen

- entspannt und beruhigt
- tröstet und heilt
- vertieft die Atmung
- baut Hemmungen ab
- baut Selbstbewusstsein auf
- unterstützt die Sprachentwicklung
- erweitert Wortschatz und Wissen
- vermittelt den Kindern Ordnung und Rhythmus
- schult die Wahrnehmung
- erhöht die Motivation
- weckt die Lust an Bewegung
- verbindet Spielen und Lernen
- fördert ganzheitlich
- stärkt soziale Kompetenzen
- ist (nicht nur) ein Gemeinschaftserlebnis
- drückt Gefühle aus
- macht Freude – allein und mit anderen!

Zu den Liedern dieses Buches

Die Lieder dieses Buches sind in der Arbeit mit Krippen- und Kindergartenkindern entstanden. Sie sind praxiserprobt, das heißt sie wurden oft und gerne von den Kindern meiner Gruppen gesungen, gespielt und getanzt.

Um den Kindern die Lieder zu vermitteln, ist es sinnvoll, die Lieder ganz nach dem Tempo und Rhythmus der Kinder zu singen und zu spielen. Gerade kleine Kinder brauchen zuerst einmal viel Zeit und viele Wiederholungen, sie brauchen Unterbrechungen und Pausen, sie brauchen Raum für Zwischenfragen und Erklärungen. Bei einer kindgemäßen Liedvermittlung muss für all das Platz sein. Es ist wichtig, so langsam oder schnell zu singen, wie es für alle angemessen ist. Die einzelnen Liedteile sollen so oft wiederholt werden, wie es für die jeweiligen Kinder nötig ist, um sie einzuüben oder weil die Kinder sich das wünschen.

Die allermeisten Lieder begleiten wir mit Bewegungen, mit Klatschen und Patschen und vielen Gesten, die uns dazu einfallen. Die Kinder entwickeln hier viel Phantasie, und wir sollten diese Ideen aufgreifen – auch wenn sie nicht immer unseren eigenen Vorstellungen entsprechen.

Viel Spaß macht es den Kindern, die Lieder, bei denen nicht das Rollenspiel im Vordergrund steht, mit einfachen Rhythmusinstrumenten zu begleiten. Klanghölzer, Glockenstäbe und Rasseln eignen sich für die Kleinsten besonders gut. Es ist allerdings sinnvoll, das Lied anfangs nur zu singen, wobei die Gitarrenbegleitung durch den Erwachsenen die Melodie unterstützen kann. Erst später, wenn alle sicherer im Singen sind, kommen die anderen Instrumente ins Spiel. Beides gleichzeitig – Singen und Spielen – überfordert die meisten Kinder am Anfang, und sie konzentrieren sich dann nur auf den Rhythmus, den das Instrument in ihren Händen hervorbringt.

Aber auch ohne Instrumente können wir den Liedern mehr Klang geben: mit Patschen und Klatschen, Stampfen und Klopfen – mit den vielen Möglichkeiten, unserem Körper Rhythmen zu entlocken!

Besonders freue ich mich, wenn die Lieder als Anregung dienen und von Ihnen und den Kindern abgewandelt und ergänzt, also als Grundlage für eigene Kreativität verwendet werden. Bei manchen bietet es sich an, neue Strophen zu erfinden und damit das Lied an die Wünsche der Gruppe anzupassen. „Eigene“ Lieder werden sicher mit noch mehr Begeisterung gesungen!

Zur beiliegenden Musik-CD

Die CD möchte Ihnen Lust machen auf die Lieder und soll den Einstieg in Melodie und Rhythmus erleichtern. Sie unterstützt als Arbeits-CD in erster Linie den Erwachsenen beim Erlernen ausgewählter Lieder. Die Reihenfolge ist dem Buch entnommen, die CD-Nummern sind jeweils bei den Liedern angegeben. Die 24 Lieder sind zunächst mit Gesang eingespielt (Nr. 1–24), dann als Playback-Version ohne Gesang (Nr. 25–48). Dabei wird die Melodie von einem Instrument mitgespielt, so dass die Benutzer gut mitsingen können.

Die Lieder wurden von Martin Göth, dem Passauer Musiker und Komponisten, einfühlsam und abwechslungsreich arrangiert, um zu zeigen, wie sie mit Flöte, Gitarre, Orff- und Percussionsinstrumenten in einfacher Form in der Praxis begleitet werden können. Einige Lieder sind etwas aufwändiger arrangiert, um weitere Möglichkeiten zu präsentieren und den Kindern und Erwachsenen auch Freude beim Anhören der CD zu vermitteln.

Die Playback-Versionen können für Benutzer, die nicht so musikerfahren sind und kein Instrument spielen eine Hilfe sein, die Lieder auch zu einer gelungenen Aufführung zu bringen.

Natürlich ist es am Schönsten, wenn Sie selbst die Lieder mit den Kindern singen und begleiten. Nur im selbstständigen Singen sind wir flexibel genug, um aus einem Liedangebot „unser“ Lied werden zu lassen.
Ich wünsche Ihnen einen klangvollen Alltag mit Ihren Kindern!

Ingrid Gnettner

P.S.: Ganz herzlich möchte ich mich bei Martin Göth und bei Simon Rieger bedanken, die meine Lieder mit viel Engagement arrangiert und die CD so lebendig gestaltet haben!

Kapitel 1

Ich wünsch euch einen guten Tag

Begrüßungslieder

Die Begrüßung am Morgen gehört in unserer Kindergruppe zum festen Ritual. Damit der Tag beginnen kann, kommen wir als Gemeinschaft im Kreis zusammen.

Wir begrüßen uns meist mit einem Lied, manchmal aber auch mit einem Spruch, und laden die Kinder damit ein, sich bei uns wohl zu fühlen und mit uns den Vormittag zu verbringen. Bei manchen Liedern sprechen wir die Kinder mit ihren Namen an, bei anderen recken und strecken wir uns – geht es doch auch darum, wach zu werden für alles, was kommt!

So singen wir einmal ein lebhaftes Lied, bei dem alle „müden Geister" wach gezappelt und gerüttelt werden, ein anderes Mal eher eine ruhige Weise, mit der die Kinder eines nach dem anderen „geweckt" werden.

„Guten Morgen" zu sagen ist nicht nur eine Sache der Höflichkeit. Gerade Kinder drücken damit ihre Freude aus: die Freude, selbst da zu sein, und die Freude, den anderen zu sehen. Immerhin verbringen wir einige Stunden miteinander – da tut es gut, die Freude mit in diesen Tag hineinzutragen!

Da manche der Begrüßungslieder mit viel Bewegung verbunden sind, singen wir diese nicht nur morgens, sondern oft auch während des Tages, wenn uns nach strecken und hüpfen und tanzen zumute ist.

Ich wünsch euch einen guten Tag

Text und Musik: Ingrid Gnettner

Wir sagen: „Guten Morgen, Anja!“
Das Mädchen tritt in unseren Kreis, dreht sich und setzt sich wieder auf seinen Platz. Das Lied wird wiederholt, ein anderes Kind wird begrüßt und darf sich in der Mitte drehen.
Bei einer großen Gruppe muss das Lied auch nicht bei jedem Namen noch einmal gesungen werden, sondern wird nur ab und zu wiederholt.

Wenn jedes Kind einmal in unseren Kreis treten darf, spürt es, dass es wirklich als einzelne wichtige Persönlichkeit mit diesem Lied gemeint ist. Es steht für einen Augenblick im Mittelpunkt, wird von allen bewusst gesehen und damit in unsere Gruppe aufgenommen.

Guten Morgen, liebe Augen

Text und Musik: Ingrid Gnettner

Nr. 1 und 25

2. Guten Morgen, lieber Mund, wach auf,
es gibt heut viel zu sagen,
zu singen und zu essen,
zu flüstern und zu fragen.

3. Guten Morgen, liebe Ohren, wacht auf,
es gibt heut viele Töne:
ganz laute – so ein Krach! –
und leise, wunderschöne.

4. Guten Morgen, liebe Nase, wach auf,
was riecht denn hier so fein?
Ich schnuppere und weiß genau:
Das kann nur eine Blume (der Frühling ...) sein.

5. Guten Morgen, liebe Hände, wacht auf,
   es gibt heut viel zu tun:
   zu malen und zu streicheln,
   zu zappeln und zu ruhn.

6. Guten Morgen, liebe Füße, wacht auf,
   ihr müsst heut sehr weit gehen,
   dürft stampfen, schleichen, hüpfen
   und manchmal einfach stehen.

7. Guten Morgen, liebe Kinder, wacht auf,
   wir wolln den Tag erleben:
   wolln singen, lachen, spielen –
   und uns die Hände geben.

Am Ende reichen wir uns im Kreis die Hände und wünschen uns noch einmal einen guten Morgen.

Es tut gut, von anderen Menschen begrüßt zu werden. Aber ebenso kann man sich auch selbst begrüßen, sich selbst bewusst wahrnehmen, jeden Tag neu entdecken, wie wunderbar unser Körper funktioniert, zu welchen Leistungen er fähig ist und was er alles für uns tut.

Warum also sollten wir nicht auch einmal unseren Augen einen guten Morgen wünschen, damit das, was wir sehen, sich mit den anderen sinnlichen Eindrücken zu einem Bild von einem guten Tag verbindet?

Guten Morgen, Sonne

Text und Musik: Ingrid Gnettner

Scheint die Sonne, fällt es uns meistens leichter aufzustehen und den Tag zu beginnen. Größere Kinder wissen, dass aber, auch wenn das Wetter schlecht ist, jeden Tag die Sonne aufgeht und dass es ohne sie dunkel wäre.

Doch wir können auch einen Regentag begrüßen – „Guten Morgen, Regen, guten Morgen, Tag ...“ –, vor allem, wenn wir uns freuen, dass unser Garten gegossen wird, oder wenn wir schon auf Pfützenspaß und nasse Spiele warten!

Heute ist ein schöner Tag

Text und Musik: Ingrid Gnettner

Nr. 2 und 26

Wenn jemand lange nicht bei uns war, vielleicht verreist oder krank war, ist das eine herzliche Begrüßung.
Für uns alle, nach dem Wochenende oder nach den Ferien, singen wir:

„Heute ist ein schöner Tag, heißa, ja! Denn wir sind ja alle heute wieder da.“

Ich begrüß dich: Hallo!

Text und Musik: Ingrid Gnettner

Nr. 3 und 27

Manchmal fällt es Erwachsenen schwer zuzulassen, dass Kinder traurig sind oder sich nicht am Spiel beteiligen. Wenn wir die unterschiedlichen Gefühle der Kinder akzeptieren und begleiten, ohne sie zu „überspielen", wissen die Kleinen, dass sie ernst und angenommen werden, auch wenn es ihnen einmal nicht so gut geht oder wenn sie schlechte Laune haben.

Hallo, Kinder, schlaft ihr?

Text und Musik: Ingrid Gnettner

Die Kinder liegen mit geschlossenen Augen in der Mitte des Kreises. Bei „Er geht und streichelt ...“ oder nach dem Lied „weckt“ der Erwachsene oder ein Kind jeden einzelnen.

Heiho, heiho, wer hüpft denn da so?

Text und Musik: Ingrid Gnettner

Wer möchte in unserer Mitte hüpfen und stampfen?

Sind es nur zwei Kinder, können wir in der dritten Zeile zum Beispiel singen:
„... Der John ist der Erste, und dann kommt die Lara ...“

Oder bei einem einzelnen Kind:
„... Die Mia, die kommt jetzt zu uns in die Mitte, sie hüpft ja und stampft noch ...“

Guten Morgen, sagt der Elefant

Text und Musik: Ingrid Gnettner

3. Guten Morgen, sagt der Hahn,
ich fang gleich zu krähen an.

4. Guten Morgen, sagt der Hund,
wenn ich bell, bin ich gesund.

5. Guten Morgen, sagt der Pinguin,
schau, ich watschle zu dir hin.

Beliebig viele neue Strophen mit anderen Tieren können mit den Kindern zusammen erfunden werden.
Jedes Kind darf sich ein Tier aussuchen, in dessen Rolle es schlüpfen will, um die anderen entsprechend zu begrüßen.
Die Texte müssen sich auch nicht reimen!

Einmal hin und einmal her

Text und Musik: Ingrid Gnettner

Nr. 4 und 28

Nach dieser „Begrüßung“ ist bestimmt jeder wach!
Bei „Guten Tag“ können wir winken oder in die Luft springen, am Schluss vielleicht die Arme ausbreiten oder uns an den Händen fassen.

Wie bei vielen anderen Spielen bleibt es aber möglichst der Phantasie der Kinder überlassen, wie sie in der Gruppe das Lied an den Stellen gestalten wollen, an denen keine bestimmten Bewegungen vorgegeben sind.

Kapitel 2

Der kleine Bär ist aufgewacht

Von großen und kleinen Tieren

Tiere spielen für Kinder eine wichtige Rolle. Egal, ob sie ein Haustier besitzen, nicht ohne ihr Kuscheltier ins Bett gehen oder wochenlang vom Besuch im Tierpark erzählen – Tiere aller Art faszinieren sie.

Bauernhofbücher sind besonders beliebt (natürlich auch wegen der Traktoren und anderer Fahrzeuge), die Bilder der verschiedenen Tierfamilien fesseln oft lange Zeit die Aufmerksamkeit der Kleinen.

Kinder schlüpfen aber auch gern im Spiel in die Rolle von Tieren. Vor allem sind es die großen, wilden, die ausgesucht werden, Tiger, Löwen und Bären, aber auch die flinken kleinen, wie Mäuse und Käfer, die, die hüpfen, wie Hase und Frosch, oder die kuscheligen, wie die Katzen, die aber auch ihre Krallen zeigen können. Kinder drücken im Tier Gefühle aus, die sie sonst nicht unbedingt zeigen würden.

Verschiedene Laute werden ausprobiert, brüllen und piepsen, fauchen und zischen, knurren und bellen. Der Sprachentwicklung tut dieses akustische Rollenspiel gut, und die motorische Förderung findet in den vielen Bewegungsarten ein großes Übungsfeld, das allen Spaß macht.

Kein Wunder, dass sich viele alte Kinderlieder, die von Tieren erzählen, bis heute erhalten haben und sich nach wie vor großer Beliebtheit erfreuen. Auch bei uns gehören alte und neue Tierlieder zu den Lieblingsliedern, die sich die Kinder immer wieder wünschen!

Ich bin ein dicker Elefant

Text und Musik: Ingrid Gnettner

2. Ich bin ein Frosch und hüpfe hoch
und springe in mein Wasserloch.
Refrain

3. Ich bin ein Vogel, ach so klein
und lade dich zum Fliegen ein.
Refrain

4. Ich bin die Katze auf Mäusefang
und schleiche heimlich hier entlang.
Refrain

5. Ich bin ein kleiner Pinguin,
und wenn ich nicht aufpass,
fall ich hin.
Refrain

Wer möchte den Elefanten spielen? Oder den Frosch?
Wem fällt noch ein anderes Tier ein, und wer hilft dabei, eine neue Strophe zu erfinden?

Der kleine Bär ist aufgewacht

Text und Musik: Ingrid Gnettner

Nr. 5 und 29

2. Er sinkt ja in den Schnee hinein
mit einem und dem andern Bein,
so tief mal hier, so tief mal da:
So macht's der kleine Bär.

3. Er kommt zu einem großen Wald,
er klettert auf die Bäume bald,
schaut einmal hin und einmal her:
So macht's der kleine Bär.

4. Jetzt tun ihm schon die Füße weh.
Er kommt an einen kleinen See,
er springt hinein, spritzt hier und da:
So macht's der kleine Bär.

5. Vom Laufen ist er müde nun,
drum möchte er ein bisschen ruhn,
liegt einmal so und einmal so
und schläft dann endlich ein.

Spielvorschlag

1. Strophe: Der kleine Bär sitzt am Anfang auf dem Boden, reibt sich die Augen, gähnt und streckt sich. Er steht auf und tappt herum.
2. Strophe: bei „so tief mal hier …“ in die Hocke gehen
3. Strophe: Kletterbewegungen mit Händen und Füßen, nach links und rechts schauen
4. Strophe: springen, mit beiden Händen „spritzen“
5. Strophe: auf den Boden legen

Das Lied kann von einem Kind in der Mitte unseres Kreises gespielt werden, aber auch von mehreren Kindern oder der ganzen Gruppe. Entsprechend viele kleine Bären sind es dann!

Kennst du dieses große Tier?

Text und Musik: Ingrid Gnettner

Ein Kind überlegt sich, welches Tier es darstellen möchte und flüstert den Namen dem Erwachsenen ins Ohr. Manchmal braucht eines sicher Hilfe, und beide wählen gemeinsam einen Vorschlag aus.
Im Lied wird dann von einem großen (z. B. Pferd), wilden (z. B. Löwe) oder schwarzen (z. B. Rabe) Tier gesungen.
Genauso können wir fragen: „Kennst du dieses kleine (lange, langsame, dicke, hüpfende, hungrige ...) Tier ...?“

Wer das Tier errät, darf der nächste Spieler sein.

Der Frosch ist heute ganz allein

Text und Musik: Ingrid Gnettner

2. Die Katze ist heute ganz allein,
   sie schleicht zu dir und lädt dich ein:
   Komm mit, komm mit!

3. Das Pferd ..., es galoppiert zu dir ...
4. Der Schmetterling ..., er flattert zu dir ...
5. Die Biene ..., sie summt zu dir ...
6. Der Pinguin ..., watschelt zu dir ...
   usw.

Ein Kind sitzt in der Mitte des Kreises und spielt das jeweilige Tier.
Derjenige, der von ihm eingeladen wird („Komm mit!"), hüpft (schleicht, galoppiert usw.) mit ihm zusammen noch eine Runde. Dann darf ein anderes Kind ein Tier spielen.

Bei Tieren, bei denen uns keine Laute einfallen, können die Kinder einfach in die Hände klatschen.

Hasen-Spiellied

Text und Musik: Ingrid Gnettner

Ein Kind spielt den ersten Hasen, mit den Handflächen am Kopf als Ohren, und hoppelt in unserem Kreis. Nacheinander kitzelt und streichelt er alle Kinder, die dann hinter ihm herhoppeln.

Scheint die Sonne hell und klar

Text und Musik: Ingrid Gnettner

2. Suchen Blumen immer wieder,
lassen sanft sich darauf nieder,
klappen die Flügel auf und zu,
sitzen still und halten Ruh.

Das Lied kann nicht nur als Rollenspiel dargestellt werden, sondern auch als Fingerspiel, bei dem die Hände die Bewegungen der Schmetterlingsflügel nachempfinden.

Es gibt Tage, an denen brüllende Löwen, laut bellende Hunde oder stampfende Elefanten genau die richtige Rolle für die Kinder darstellen; an anderen schlüpfen sie genau so gern in die von zarten Schmetterlingen. Zum Glück bietet das Tierreich eine große bunte Auswahl für fast alle Gelegenheiten – und gerade kleine Kinder sind gleichermaßen fasziniert von den riesigen wie von den winzigen Geschöpfen, von den wilden wie von den sanften.

Das Krokodil

Text und Musik: Ingrid Gnettner

Nr. 6 und 30

Wir strecken die Arme nach vorne und legen die Handflächen aufeinander. Wir öffnen und schließen dieses „Krokodilmaul“. Sind wir satt, streichen wir uns den Magen. Zum Schluss legen wir uns auf den Bauch.

Wir können jede Menge neue Strophen dazu erfinden, zum Beispiel:

„Die Mau, die Mau, die kleine Maus,
die sau, die sau, die saust ins Haus,
dort sucht sie Käs und Wurst
und etwas für den großen Durst.“

„Der Lö, der Lö, der Löwenmann,
der fängt ganz laut zu brüllen an.
Wir kriegen einen Schreck –
und laufen alle ganz schnell weg.“

„Die A, die A, die Ameise,
die krabbelt dort ganz leise.
Doch weißt du, was sie kann?
Sie spritzt dich plötzlich einfach an!“

„Der Pi, der Pi, der Pinguin,
der schaut zu seinen Freunden hin.
Sie rutschen übers Eis
und watscheln dann vergnügt im Kreis.“

Ach, wie mag das lustig klingen

Text und Musik: Ingrid Gnettner

Nr. 7 und 31

2. … wenn auf dem Dach die Katzen singen: Miau …
3. … wenn im Baum die Vögel singen: Piep …
4. … wenn vor ihren Hütten die Hunde singen: Wau …
5. … wenn im Stall die Kühe singen: Muh …
6. … wenn bei uns die Kinder singen: La …

Eine kleine Spinne

Text und Musik: Ingrid Gnettner

Nr. 8 und 32

Dieses Lied wurde in vielen meiner Gruppen zum Lieblingslied und hat das Verhältnis der Kinder zu Spinnen und anderen kleinen Krabbeltieren oft sehr positiv verändert. Das geschieht noch mehr, wenn wir der Spinne einen Namen geben und dann zum Beispiel singen: „Hans, die kleine Spinne, klettert immer, immer weiter …“

Spielvorschlag

- Die Finger einer Hand bewegen sich krabbelnd nach oben.
- Zwischen Daumen und Zeigefinger deuten wir an, wie dünn der Faden ist.
- Die Leiter wird mit Kletterbewegungen der Hände gezeigt.
- Die Finger beider Hände bewegen sich als Regentropfen von oben nach unten.
- Das Netz zerreißt, indem wir die Hände, die zuerst gefaltet vor der Brust liegen, kräftig auseinanderziehen.
- Mit beiden Armen zeigen wir einen weiten Sonnenbogen über dem Kopf.
- Und schon klettert die kleine Spinne wieder hinauf – so oft wir wollen!

Kapitel 3

Wir tanzen im Kreis

Lieder zum Tanzen und Spielen

Sobald die Kleinen sicher auf ihren Beinen stehen, die Zeit der ersten wackligen Schritte vorbei ist und Hinfallen und Aufstehen nicht mehr als so schmerzhaft und mühselig empfunden werden, verändern und erweitern sich ihre Bewegungen: Sie laufen, springen, hüpfen, drehen sich – ständig probieren sie aus, was es noch Neues und Aufregendes gibt.

Der Aufforderung „Komm, tanz mit mir!" kommen die Kinder meist mit Begeisterung nach, und sie lieben es, Kreisel und Karussell zu spielen, je schneller und wilder, desto besser. Mit Ausdauer hüpfen sie, egal, ob als Frosch, Hase, Känguru, Ball oder „einfach so". Sie trainieren ohne Zwang ihre räumliche Wahrnehmung und ihren Gleichgewichtssinn. Sie lernen die Möglichkeiten ihres Körpers, ihre eigene Belastbarkeit und ihre Grenzen kennen.

Singen und Tanzen sind für viele Kinder eine Einheit. Die Melodie scheint in Hände und Füße zu fließen, die Töne machen den Körper beweglich.

Tanzen bei kleinen Kindern hat noch keine feste Form. Mit dem Po wackeln, auf der Stelle hüpfen, die Arme schütteln oder mit dem ganzen Körper zappeln – das sind nur einige der Ausdrucksformen, die Kindern einfallen, wenn sie tanzen.

Nichts ist vorgeschrieben, die Hinweise im Text sind nur Vorschläge, fast alles ist erlaubt, was Bewegung ist. Allein der Phantasie und dem Bedürfnis des Kindes bleibt es überlassen, wie es mit seinem Körper unser Lied begleitet. Manchmal tobt sich ein Kind mit allem, was beweglich ist, aus, ein andermal spürt es nur zaghaft dem Liedrhythmus nach und wiegt sich im Takt.

Anders als bei Rollenspielen (auch wenn sie noch so einfach sind) bekommen auch nicht so „mutige" Kinder Lust, bei uns in der Mitte (oder mit uns) zu tanzen, denn das kann jeder, der gehen und laufen gelernt hat: Man muss sich (fast) nicht an Regeln halten, und man muss dabei nicht sprechen oder singen. Man darf einfach sein, wie man gerade ist – wild oder sanft, schnell oder langsam, laut oder leise.

Spiellieder erzählen meist kleine Geschichten: von Pferd und Reiter, vom Schifflein auf dem Meer, von Tieren und Pflanzen, von Menschen und Zwergen. (Viele weitere Spiellieder finden Sie auch in Kapitel 2, S. 25.)

Manchmal agiert ein einzelnes Kind in unserem Kreis, und nacheinander übernimmt jeder, der will, diese Rolle.

Bei anderen Liedern sind mehrere Kinder oder die ganze Gruppe in die Handlung eingebunden.

Das „Publikum“ ist aber nicht nur Zuschauer. Die Kinder, die gerade nicht spielen, singen und sorgen für die Unterstützung durch Klatschen oder Musizieren auf Rhythmusinstrumenten. Schon die Kleinsten machen begeistert mit, wenn wir mit Rasseln, Glockenstäben oder Klanghölzern das Lied begleiten.

Wir tanzen im Kreis

Text und Musik: Ingrid Gnettner

Wir fassen uns an den Händen und gehen zum Rhythmus des Liedes im Kreis. Beim Drehen lassen wir die Hände los.
Bei der Wiederholung können wir die Tanzrichtung wechseln. (Je kleiner die Kinder sind, umso einfacher sollten aber die Bewegungen sein.)
Nach der Wiederholung bleiben wir stehen, strecken die Arme nach oben und blicken zum Himmel, danach sinken die Arme, und die Handflächen deuten zur Erde. Wir können auch den Boden berühren.
Schließlich fassen wir unsere Nachbarn wieder an den Händen.
Der Tanz kann von neuem beginnen.

Besonders schön und eindrucksvoll ist dieses Lied, wenn wir es draußen singen und tanzen. Auf einer Wiese oder einer Lichtung im Wald, vielleicht sogar barfuß, können wir uns wirklich mit Himmel und Erde verbunden fühlen.
Bei meinen „Waldkindern“ hieß dieses Lied „Indianertanz“, da sie wussten, dass Indianer eine enge Beziehung zur Natur haben.

Der Peter tanzt bei uns im Kreis

Text und Musik: Ingrid Gnettner

Bei jeder Runde kommt ein neues Kind dazu, das mittanzt.

Beim zweiten Mal heißt es dann natürlich:
„Klatsch, klatsch, Pause, *beide* bleiben stehn“

und bei den nächsten Runden:
„… *alle* bleiben stehn“.

In unsrer Mitte sitzt ein Mann

Text und Musik: Ingrid Gnettner

Nr. 9 und 33

In der Mitte des Kreises sitzt ein Kind, das ein Schellenband umgebunden hat. Beim zweiten Teil des Liedes steht es auf und tanzt für uns, und wir klatschen dazu.
Bei Mädchen können wir auf Wunsch alternativ singen:
„In unsrer Mitte sitzt eine Frau, die hat ein Band mit Glöckchen, schau!"

Meine Kinder tragen das Schellenband am liebsten um das Fußgelenk, weil es beim Stampfen besonders schön klingt. Genau so kann es aber am Handgelenk, am Arm oder – bei langen Bändern – als Kopfschmuck oder Gürtel getragen werden.
Schellenbänder gibt es in Musikgeschäften oder auf Handwerkermärkten. Sie können aber auch einfach selbst hergestellt werden (aus Bändern und Glöckchen, die im Spielwaren- oder Bastelladen erhältlich sind).

Wer will heute bei uns tanzen?

Text und Musik: Ingrid Gnettner

Wie bei den meisten Tanzliedern, bei denen sich ein einzelnes Kind im Kreis bewegt, wechseln wir zum Schluss, und ein anderes ist an der Reihe.
Es können aber natürlich auch mehrere Kinder gleichzeitig in unserer Mitte tanzen!

Wir gehn im Kreis zur Tanzmusik

Text und Musik: Ingrid Gnettner

Nr. 10 und 34

Wir fassen uns an den Händen und gehen im Kreis. Wir stampfen mit den Füßen und verbeugen uns zur Begrüßung. Wir strecken („Halli!“) und beugen uns („hallo!“) und schwingen die Arme nach links und rechts („mal so, mal so“).
Wollen wir weitertanzen, singen wir als Wiederholung:
„Und jetzt soll’s weitergehn!“

Alle Kinder gehn spazieren

Text und Musik: Ingrid Gnettner

Die Kinder gehen im Kreis oder frei im Raum spazieren und folgen zum Schluss der Anweisung:

„... und setzen sich auf einen Stuhl."
„... und hocken sich unter den Tisch."
„... und legen sich auf den Boden."
usw.

Sie tanzen rundherum

Text und Musik: Ingrid Gnettner

Dieses einfache Lied braucht wenig Erklärung. Zu tanzen, sich zu drehen, zu hüpfen, sich zu wiegen – und zum Schluss auf den Boden zu fallen ist bei den Kleinen ein beliebtes Spiel.
Tanzen in unserer Mitte nicht nur zwei Kinder, können wir singen:

„Drei (vier, fünf …) Kinder tanzen heut bei uns,
sie tanzen rundherum …“

Der Erste geht im Kreis herum

Text und Musik: Ingrid Gnettner

Als weitere Strophen bieten sich an:

„Der Zweite hüpft im Kreis herum ...“
„Der Dritte schleicht im Kreis herum ...“
„Der Vierte kriecht im Kreis herum ...“

Mein Pferdchen

Text und Musik: Ingrid Gnettner

Nr. 11 und 35

Am Schönsten ist es bei diesem Spiellied, wenn das Kind auf einem Steckenpferd reiten darf. Ein Stock eignet sich aber genau so gut dafür.
Wenn es in unserer Gruppe eine „Pferdeleine“ gibt, spielt ein Kind das Pferd und ein anderes den Reiter. Zum Schluss wechseln dann beide.

Die Zuschauer begleiten mit Klanghölzern das Spiel.
Wenn wir vorher den gleichmäßigen Takt der Hufe üben, gelingt uns dieser Rhythmus auch, wenn wir danach das Lied mit den verschiedenen Notenwerten dazu singen.

Im Garten

Text und Musik: Ingrid Gnettner

2. Wiegen sich im Wind ganz leise,
so als würden sie jetzt winken.
„Schmetterlinge, kommt doch trinken!
Ruht euch aus auf eurer Reise!“

3. Und schon flattern sie heran,
lassen sich ganz sachte nieder,
Flügel zu und auf und wieder.
„Danke, dass ich rasten kann.“

4. Doch nach einer kleinen Weile
öffnen sie die Flügel weit.
„Danke für die gute Zeit!“,
flattern weiter ohne Eile.

Dieses Lied eignet sich gut als kleines Rollenspiel.
Einige Kinder sitzen als „Blumen“, vielleicht mit bunten Tüchern als Umhang, auf dem Boden. Die gefalteten Hände sind auf dem Kopf und öffnen sich als Blütenblätter. Andere Kinder fliegen als Schmetterlinge mit kleinen Tüchern in der Hand umher. Die Blumen winken die Schmetterlinge herbei, die sich zu ihnen setzen und schließlich wieder davonfliegen.

Das Schifflein

Text und Musik: Ingrid Gnettner

2. Fährt das Schifflein übers Meer,
   kommt ein Sturm, ach, wie dumm!
   Wackeln alle noch viel mehr –
   fällt das Schifflein um.

Wir schaukeln sanft hin und her. In den Pausen in der ersten Zeile des Liedes blasen wir wie der Wind, später kräftiger, wie der Sturm. Wir schaukeln heftiger und fallen schließlich um.

Fünf kleine Zwerge

Text und Musik: Ingrid Gnettner

Nr. 12 und 36

2. Sie setzen sich. Was tun sie dann? Sie hämmern einen Stein,
und wenn sie davon müde sind, dann schlafen alle ein.

3. Fünf kleine Zwerge sind endlich aufgewacht.
Sie recken sich und strecken sich. Was haben sie dann gemacht?

4. Sie setzen ihre Mützen auf und stampfen mit dem Fuß.
Sie gehen jetzt zum Haus hinaus und winken uns zum Schluss.

Fünf Kinder (oder eine beliebige Anzahl) gehen als Zwerge, die Hände als Zipfelmütze über dem Kopf, um unseren Kreis. Sie klopfen Kindern auf die Schulter und werden in den Kreis gelassen, wo sie sich in die Mitte setzen. Pantomimisch wird dargestellt, was wir im Lied erzählen.

Kapitel 4

Sonnenschein und Regen

Vom Wetter und von den Jahreszeiten

Für Kinder gibt es selten schlechtes Wetter. Sonne, Regen und Schnee sind für sie gleichermaßen spannend und geeignet für Spiele und Entdeckungen. Voraussetzung ist allerdings, dass die Kinder entsprechend angezogen und von den Erwachsenen noch nicht negativ beeinflusst sind.

Sturm, Gewitter und Hagel sind aufregende Naturereignisse, die Kinder begeistert bis respektvoll vom sicheren Fenster aus beobachten.

Dass der Wechsel von Wärme und Kälte, von Sonne und Regen für die Natur wichtig ist und zu unserem Leben dazugehört und angenommen werden sollte, können wir den Kindern mit vielen Erfahrungen draußen, aber auch mit Liedern vermitteln. Kinder leben im Jetzt – und auch deshalb ist Regen für sie kein „Sauwetter“, sondern ein großer Spaß (wenn sie von den Erwachsenen nicht daran gehindert werden).

Den Reichtum und die Sinnlichkeit jeder Jahreszeit können wir mit den Kindern wieder entdecken. Lassen wir uns einbinden in den Kreislauf von Frühling, Sommer, Herbst und Winter!

Hallo, Sonne

Text und Musik: Ingrid Gnettner

Nr. 13 und 37

Vor allem an grauen Regentagen versuchen wir mit diesem Lied die Sonne wieder hervorzulocken.

Frühlingslied

Text und Musik: Ingrid Gnettner

Nr. 14 und 38

2. Riechst du schon den Frühling, sag?
Blütenduft an jedem Tag!
Die Erde fängt zu atmen an,
dass man sie endlich riechen kann.

3. Fühl doch nur, wie gut das tut:
Frühling macht dem Leben Mut.
Die Sonne streichelt dein Gesicht,
und weht der Wind, dann frierst du nicht.

4. Sieh doch nur den Frühling, schau:
alles bunt und nicht mehr grau.
Schmetterlinge flattern im Licht
und aus jeder Knospe Blatt und Blüte bricht.

Nach jeder Strophe können wir fragen, woran die Kinder erkennen, dass es Frühling ist:

- Was hört ihr?
- Was riecht ihr?
- Was fühlt ihr?
- Was seht ihr?

Jede Jahreszeit kann auf ihre Weise mit allen Sinnen – und damit sinn-voll! – erlebt werden, aber vielleicht sind wir gerade im Frühling nach einer langen kalten und dunklen Zeit besonders offen für solche Erfahrungen.

Blätter fallen auf die Erde

Text und Musik: Ingrid Gnettner

Dieses Lied spielen wir mit den Händen oder auch als kleines Rollenspiel:

Einige Kinder fallen als Blätter auf den Boden, andere fliegen und tanzen, dem Text entsprechend.

Die „Bäume“ stehen fest auf der Erde und bewegen nur die nach oben gestreckten Arme.

Ein Kind saust als Herbstwind zwischen den „Bäumen“ und „Blättern“.

Im Winter

Text und Musik: Ingrid Gnettner

Nr. 15 und 39

2. Im Winter gibt es so viel Schnee,
er liegt in dicken Haufen.
Und auf den Pfützen – hui, wie glatt! –,
da kann ich Schlittschuh laufen.
Refrain

3. Die Flocken fallen still herab
auf ihre sanfte Weise,
und ist die Erde zugedeckt,
ja, dann wird es oft ganz leise.
Refrain

Wie es regnet heute!

Text und Musik: Ingrid Gnettner

2. Hört doch, wie es regnet heute,
spitzt die Ohren, liebe Leute!
Drop, drop, drop, es rauscht und klopft,
wenn der Regen fließt und tropft.

3. Kommt, wir spürn, wie's regnet heute,
überall, ihr lieben Leute!
Pitsch und patsch – wir werden nass.
So ein Riesen-Regenspaß!

Nicht jeder Erwachsene kann die Freude der Kinder an Matsch und Pfützen nachvollziehen. Wir sollten ihnen aber trotzdem dieses Vergnügen (und die vielen Erfahrungen und Entdeckungen, die sie dabei machen) immer wieder gönnen.

Sonnenschein und Regen

Text und Musik: Ingrid Gnettner

Nr. 16 und 40

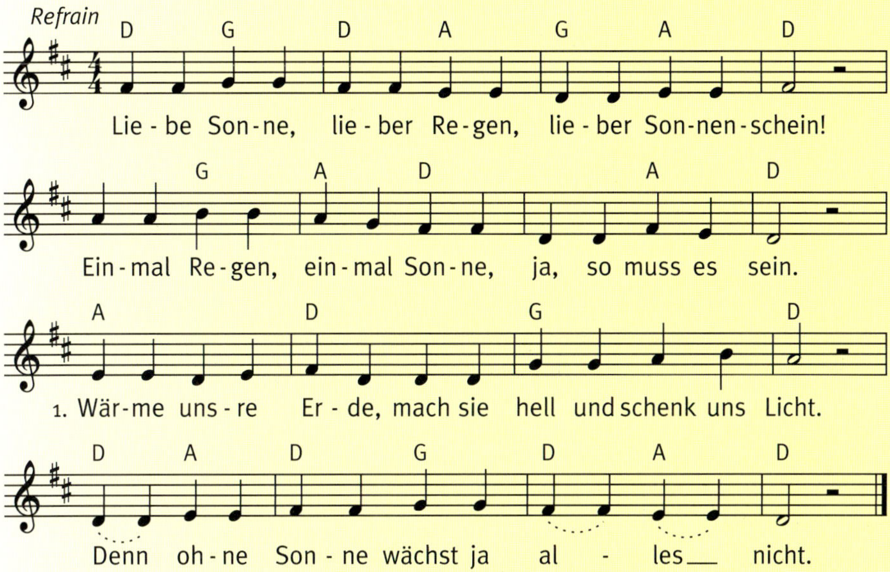

Refrain 2. Und wenn's regnet denk ich mir: Das muss ja auch mal sein!
Nach dem Regen kommt auch wieder Sonnenschein.

Refrain 3. Bäume brauchen Wasser, auch die Blumen und das Gras,
und den Kindern machen doch die Regenpfützen Spaß!

Refrain 4. Sonnenschein und Regen und der Wind, der Wolken treibt,
sorgen dafür, dass das Leben voller Wunder bleibt. *Refrain*

Wenn sich die „Großen" über „schlechtes Wetter" beschweren, vergessen sie oft, wie sehr wir und die ganze Natur auf den Regen angewiesen sind!

Der Wind

Text und Musik: Ingrid Gnettner

Eines der Kinder spielt den Wind und läuft und wirbelt mit einem Tuch um den Kreis. Ein anderes tanzt in der Mitte zu unserem Lied.
Beim zweiten Teil lässt der Wind sein Tuch sinken und setzt sich. Das Kind, das getanzt hat, geht zurück auf seinen Platz.
Ein neuer Tänzer und der nächste „Wind“ werden ausgesucht.

Wenn ich aus dem Fenster schau

Text und Musik: Ingrid Gnettner

Wenn wir morgens nach dem Wetter sehen, bestimmt das oft den Tagesablauf in unserer Gruppe:

- Scheint die Sonne, so dass wir einen langen Spaziergang machen können?
- Bauen wir dem Wind ein Spielzeug, das wir an den Baum hängen?
- Brauchen wir unseren Garten nicht zu gießen, da es regnet?

Manchmal ist der Himmel natürlich auch nur „fast blau“ oder „so grau“.
Wir überlegen gemeinsam, wofür sich das heutige Wetter ganz besonders gut eignet.

April

Text und Musik: Ingrid Gnettner

2. Schau mal, sagt der April, ich mache, was ich will.
Ich zaubre bunte Blumen mal für dich und mich im Nu
und deck im nächsten Augenblick mit Schnee sie wieder zu.

3. Fühl mal, sagt der April, ich mache, was ich will.
Mal frierst du und du knöpfst dir deine warme Jacke zu,
mal ist dir warm, die Sonne scheint ja und du schwitzt im Nu.

4. Weißt du, sagt der April, ich mache, was ich will.
Ich bin ja nicht mehr Winter, doch der Sommer auch noch nicht,
drum zeig ich dir mal dieses, dann ein anderes Gesicht.

Kein Monat überrascht uns mit so vielen verschiedenen Wettererscheinungen wie der April. Vorausgesetzt, er ist so ausgeprägt, wie von ihm sprichwörtlich behauptet wird.
Für Kinder ist das beinahe wie Zauberei: Mitten an einem sonnigen Vormittag fängt es plötzlich aus einer dunklen Wolke zu schneien an!
Aber ehe wir uns auf Schneemannbauen und eine Schneeballschlacht freuen können, sind die dicken Flocken am Boden schon wieder geschmolzen.
Genauso plötzlich kann fast aus heiterem Himmel ein Gewitter prasselnden Regen schicken, den nach kurzer Zeit wieder die Sonne vertreibt.

Lied von den Jahreszeiten

Text und Musik: Ingrid Gnettner

2. Weißt du noch? Der Frühling dann:
Alles fängt zu wachsen an.
Erst siehst du nur zartes Grün,
doch dann fängt es endlich an zu blühn.

3. Weißt du noch? Der Sommer, schau!
Sonnenschein und Himmelblau,
barfuß laufen jeden Tag
und am Sonntag Eis, so viel ich mag.

4. Weißt du noch? Der Herbst, die Zeit:
Äpfel, Birnen weit und breit,
bunt von Bäumen Blätterregen,
es raschelt leis auf allen Wegen.

Manchmal erinnern sich Kinder mitten im Sommer ans Schlittenfahren oder erzählen im Winter von den Ferien am Meer. Über Monate hinweg wird das wieder lebendig, was längst Vergangenheit ist.
Mit der Zeit wird den Kindern der Kreislauf der Jahreszeiten immer mehr bewusst, sie erwarten die vertraute Wiederkehr und freuen sich darauf.

Kapitel 5

Krabbelfinger krabbeln leise

Leise Lieder

Leise Lieder bedeutet nicht unbedingt, dass alle diese Titel leise gesungen werden müssen.
Leise heißt für mich an dieser Stelle, dass die Bewegung nicht in erster Linie nach außen getragen wird, dass Hüpfen und Klatschen und viele andere Bewegungs- und Ausdrucksformen hier nicht im Vordergrund stehen.

Unsere Sinne, auf die im lauten, lebhaften Alltag so viele starke Reize einstürmen, werden behutsam angesprochen und bewusst geweckt:
Wir lauschen und fühlen, sehen genauer hin als sonst und sind immer wieder leise und achtsam.
Wir versuchen, die Gefühle und Bedürfnisse der anderen zu achten, wenn wir sie berühren, und erleben eigene Wahrnehmungen und Gefühle.
Schon kleine Kinder können für eine begrenzte Zeit sehr aufmerksam und achtsam sein.

Leise zu sein heißt nicht nur, Lärm zu beenden und zur Ruhe zu kommen.
Leise zu sein gibt uns die Möglichkeit, die feinen Klänge in uns und in der Welt zu entdecken und wahrzunehmen.

Ich geh mit meinem Glöckchen

Text und Musik: Ingrid Gnettner

Ein Kind geht zu dieser Melodie mit einem Glöckchen im Kreis herum. Es bleibt vor einem anderen Kind stehen und reicht ihm das Glöckchen.
Für einen Augenblick ist es ganz leise bei uns – dann darf dieses nächste Kind klingelnd im Kreis gehen.

Bin ich still

Text und Musik: Ingrid Gnettner

Nr. 17 und 41

Leise wird nach einer Weile gefragt, was die Kinder alles hören können. Es wird nur gelauscht und geflüstert.

Erstaunlich, was die Ohren alles entdecken, wenn es – eigentlich – still ist!

Manchmal gelingt es, auch in einer großen Gruppe von quirligen Kindern wirkliche Ruhe einkehren zu lassen. Plötzlich nehmen all die Dinge ihren Raum ein, der ihnen eigentlich immer gehört, aus dem sie aber durch das Laute, Grelle an den Rand gedrängt worden sind.
Wenn wir leise sind, werden wir auf sie aufmerksam, sie füllen die Stille aus mit ihrer sonst überhörten Stimme: der Vogel vor dem Fenster, die Regentropfen auf dem Dach, das Zuklappen einer Tür, das Mittagsläuten der weit entfernten Kirche.
Wenn wir die Augen schließen, nehmen wir all das noch bewusster wahr, wir „sehen" unsere Umwelt auf einmal allein mit den Ohren.
Manchmal verstummen die Geräusche um uns herum für einen Augenblick, als würden sie Luft holen, um wieder neu zu uns zu sprechen.
Dann hören wir nur noch uns: unseren Atem und unser Herzklopfen, und wir sind ganz bei uns, in unserer Mitte, angekommen.

Krabbelfinger

Text und Musik: Ingrid Gnettner

Nr. 18 und 42

Fast jeder genießt es, wenn jemand ihm sanft den Rücken massiert. Andererseits verstehen auch die meisten Kinder bald, dass zarte Berührungen gut tun und zu kräftiges Klopfen und Drücken dem anderen unangenehm oder sogar schmerzhaft für ihn sein kann.

Spielvorschlag

Dieses Krabbel- und Streichellied kann der Erwachsene für ein einzelnes Kind singen, wir können es aber auch in der Gruppe spielen, so dass jeder (auch die „Großen“) diese Wohltat erfährt.
In einem dichten Kreis sitzen wir mit gegrätschten Beinen so, dass jeder den Rücken des vor ihm Sitzenden berühren kann.
Je kleiner oder ungestümer unsere Kinder sind, umso mehr müssen wir dafür sorgen, dass immer achtsam und behutsam mit dem anderen umgegangen wird.

Eine Kugel, kugelrund

Text und Musik: Ingrid Gnettner

Dieses Spiel eignet sich für eine kleine Gruppe von Kindern. Nicht alle Kleinen schaffen es, so leise und achtsam zu sein. Aber schon Eineinhalbjährigen gelingt es manchmal!

Die Kinder sitzen im Halbkreis vor dem Erwachsenen. Er zeigt ihnen die silbern glänzende Kugel in seiner Hand (Klangkugel, Qigongkugel) und erklärt den Kindern, dass die Kugel nur rollen darf und kein Ball zum Werfen ist. Außerdem sollten alle ganz leise sein, damit sie hören, wie die Kugel beim Rollen klingt.
Zu der kleinen Melodie zeigt der Erwachsene den Kindern die Kugel in seinen Händen und rollt sie schließlich zu einem Kind. Dieses fühlt und betrachtet die Kugel und lässt sie dann zum Erwachsenen zurückrollen. Dabei sollte möglichst wenig und sehr leise gesprochen werden. Vielleicht muss das Kind ja aufgefordert werden, sich wieder von der Kugel zu trennen. Das sollte der Erwachsene dann flüsternd tun. Vom Singen eingeleitet rollt die Kugel zum nächsten Kind.

Mein Stein

Text und Musik: Ingrid Gnettner

Wir geben in unserem Kreis einen Kieselstein herum. Jeder fühlt ihn, schaut ihn an und legt ihn dann seinem Nachbarn in die Hand.
Bleibt der Stein zum Schluss stehen, können wir kurz darüber reden, wie sich der Stein anfühlt und wie er aussieht.
Dann beginnt er wieder seine Wanderschaft (so oft wir wollen).
Auch ein Richtungswechsel (siehe Alternativvorschlag 2. Zeile) ist möglich.

Mein Schaukelstuhl

Text und Musik: Ingrid Gnettner

Nr. 19 und 43

Dieses Lied können wir im Kreis singen und uns dabei sanft hin und her wiegen. (Natürlich nur auf dem Teppich sitzend oder auf einem Kissen, nicht auf einem „echten" Stuhl!)

Genauso eignet das Lied sich als „Begleitung", wenn Kinder zum Beispiel in einer Hängematte schaukeln.

Ich gehe meinen Weg

Text und Musik: Ingrid Gnettner

Zwei Kinder gehen zunächst als Paar um unseren Kreis.
Dann geht eines der Kinder in der gleichen Richtung weiter („Dann gehst du deinen Weg allein“), das andere wechselt die Richtung („und mein Weg wird ganz anders sein“).
Irgendwann begegnen sie sich und gehen wieder ein Stück gemeinsam.
Es ist gar nicht so einfach sich zu einigen, wer welchen Weg geht und welches schließlich wieder die gemeinsame Richtung ist!
Wir singen das Lied erneut, und ein anderes Paar macht sich auf den Weg.

Leise, leise

Text und Musik: Ingrid Gnettner

Wir sitzen im Kreis und halten die Hände hinter dem Rücken.
Der Erwachsene (oder ein Kind) geht außerhalb des Kreises herum und hält in seinen Händen (oder in einem Körbchen unter einem Tuch) etwas versteckt.
Am Ende des Liedes berührt er die Hände eines Kindes mit diesem Gegenstand, zum Beispiel mit einem Stein, einer Feder, einem Bauklotz, einem Blatt usw.
Errät das Kind, womit es berührt wurde, darf es in der nächsten Raterunde um den Kreis gehen.

Wir zünden ein Licht an

Text und Musik: Ingrid Gnettner

Nr. 20 und 44

Nicht nur in der Adventszeit singen wir dieses Lied, zu dem eine große Kerze in unserem Kreis von einem zum anderen gereicht wird. Es eignet sich auch für Geburtstage und andere Feste.
Ein Junge, der mit seinen Eltern aus unserer Stadt fortzog und deshalb die Gruppe verließ, wünschte sich dieses Lied am letzten Tag, um sich von seinen Freunden zu verabschieden.

Kapitel 6

Durch den Tag und durch das Jahr

Mit Liedern Rituale begleiten

Rituale geben unseren Tagen Struktur und Halt. Sie leben von Wiederholungen, von Vertrautheit und Gewöhnung im guten Sinne. Trotz (oder gerade wegen?) der Vertrautheit liegt in Ritualen etwas Besonderes und Wertvolles. Ohne sie verflacht unser Leben zu einer Reihe von „Alltagen“.

Mehr noch als Erwachsene brauchen Kinder diese geregelten Abläufe, die Verlässlichkeit, dass bekannte Dinge immer wiederkehren. Sie geben Kindern Sicherheit in einer unübersichtlichen und zum großen Teil von ihnen noch nicht erforschten Welt. Sie bilden den Rahmen, in dem sich das Kind selbstbewusst entwickeln kann.

Rituale setzen wir im Tageslauf ebenso wie im Lauf des Jahres ein.

Wenn Essens- und Ruhezeiten, der Wechsel von selbstständigem Spiel und Aktionen in der Gemeinschaft, Ankunft und Abschied, aber auch Feste mit vertrauten Liedern und Versen verbunden sind, mit bestimmten Gegenständen oder Instrumenten, die eine entsprechende Bedeutung haben, dann sind diese Zeiten selbst-verständlich und müssen nicht ständig neu erklärt und eingeführt werden. Kinder wie Erwachsene empfinden solche Rituale als hilfreich und wertvoll.

Rituale können sich aber auch verändern. Sie passen sich an die Menschen an, bei denen sie Eingang finden. Sie entwickeln sich, bis sie zu dem geworden sind, was unseren Alltag und unsere Gemeinschaft trägt.

Lied vor dem Essen

Text und Musik: Ingrid Gnettner

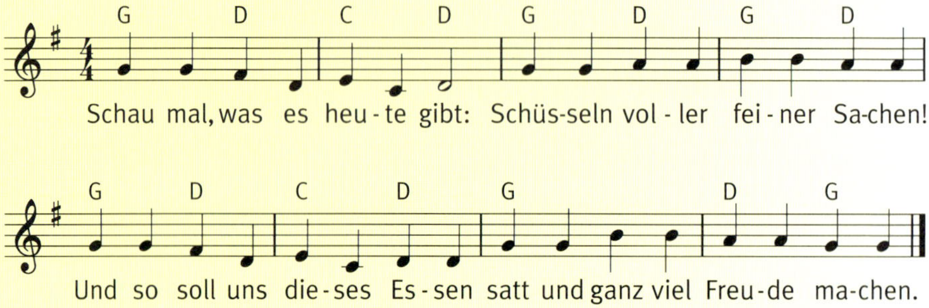

Essen sollte mehr sein als nur Nahrungsaufnahme: Es ist Teil unserer Gemeinschaft, wir freuen uns darauf und sind dankbar für das, was andere für uns zubereitet haben.

Nach dem Lied reichen wir uns die Hände und wünschen uns einen „Guten Appetit!".

Lied vor der Ruhezeit

Text und Musik: Ingrid Gnettner

2. Müde, müde, müde
sind meine Ohren nun.
Sie haben heut so viel gehört
Und wollen endlich ruhn.

3. Müde, müde, müde
sind meine Füße nun.
Sie sind heut schon so viel gerannt …

4. Müde, müde, müde
sind meine Hände nun.
Sie haben heut so viel gespielt …

Auch die Ruhezeit gehört zu unserem Alltag und ist selbst für die Kinder wichtig, die behaupten: „Ich bin gar nicht müde!“ (Oft sind gerade sie es dann, die als Erste einschlafen.)
Es braucht Zeit, um die Eindrücke des Tages zu verarbeiten und zu ordnen, und Ruhe, in der neue Eindrücke für eine Weile ausgeblendet werden.

Dankelied

Text und Musik: Ingrid Gnettner

Nr. 21 und 45

Das Danken ist für viele Menschen im Alltag bedeutungslos geworden. Das, was wir bekommen, ist oft selbstverständlich und wird weder mit einem Gefühl der Dankbarkeit angenommen noch als wertvoll geschätzt.
Dabei geht es nicht in erster Linie um ein angelerntes „Danke“, das wie das höfliche „Bitte“ von Erwachsenen gern mit dem Satz: „Wie heißt das Zauberwort?“ eingefordert wird.

Von Herzen Danke zu sagen öffnet die Augen für die Geschenke des Lebens.
So können wir den Text beliebig abwandeln und für vieles mehr danken, zum Beispiel:

„Danke für den Himmel, danke für die Erde.
Danke für das Wasser, danke für die Luft.“

„Danke für die Blumen, danke für die Bäume,
danke für die Blätter, danke für das Gras.“

„Danke für die Vögel, danke für die Fische,
danke für die Tiere, die auf der Erde sind.“

„Danke für die Menschen, die großen und die kleinen.
Danke für die Freunde, danke auch für mich.“

„Danke für das Essen, danke für das Trinken.
Danke, dass du immer für uns alle sorgst.“

Tritt durch das Tor hinein

Text und Musik: Ingrid Gnettner

Vor einer Geburtstagsfeier, einem Fest oder einem anderen besonderen Anlass, bei dem die Kinder langsam, ohne Gedränge und aufmerksam in einen Raum treten sollen, bilden zwei Kinder ein Eingangstor. Sie stehen sich mit Abstand gegenüber, strecken die Arme in die Höhe, berühren sich mit den Fingerspitzen und bauen dadurch ein Dach. Höher wird unser Tor, wenn die Kinder die Arme nach oben strecken und durch ein Tuch oder Band, das sie in den Händen halten, verbunden sind. Unser „Eingang“ kann auch vor der Geschichtenecke stehen, in die wir zum Erzählen eines Märchens oder zum Vorlesen eines besonderen Buches einladen.

Lied vom Wünschen

Text und Musik: Ingrid Gnettner

Wünschen kann zweierlei sein: Ich habe selbst einen Wunsch oder ich wünsche dem anderen etwas. Viele Kinder kennen Wünsche nur noch als etwas Materielles: Ich wünsche mir einen neuen Bagger, eine Puppe usw. Aber was kann man sich und anderen noch wünschen?
Zum Geburtstag ist es üblich, „alles Gute" zu wünschen.
Doch was bedeutet das?
Vielleicht wünschen wir dem Geburtstagskind, dass es gesund bleibt und ein schönes Fest am Nachmittag zu Hause erlebt.
Wir können uns wünschen, dass ein kranker Spielkamerad bald wieder kommt oder dass nach einer langen Regenzeit endlich einmal die Sonne scheint.

Gute Wünsche auszusprechen können wir üben – und damit ein Bewusstsein für eigene und andere Bedürfnisse entwickeln:

„... dass heut das Essen lecker schmeckt, das wünschen wir."
„... dass Sonja endlich wiederkommt, das wünschen wir."

Geburtstagslied

Text und Musik: Ingrid Gnettner

Nr. 22 und 46

Das Geburtstagskind sitzt in der Mitte unseres Kreises. Sein Stuhl ist festlich geschmückt, und es trägt eine Krone. Die Kinder im Kreis halten sich an den Händen und stellen damit das gefeierte Kind in den Mittelpunkt unserer Gemeinschaft. Zum Schluss heben wir die Arme und halten so unsere Hände wie zum Segen über den Kopf des Kindes.

Die Wochentage

Text und Musik: Ingrid Gnettner

Wörter und Wortreihen prägen sich leichter ein, wenn sie mit Rhythmus, Melodie und Bewegung vermittelt werden.
Wenn wir in unserer Gruppe am Morgen nach dem aktuellen Wochentag fragen, reicht inzwischen die entsprechende Geste, um die Kinder an den Namen zu erinnern.

Da dieses Lied viele verschiedene Bewegungen enthält, dient es uns auch als „Wachmacher" und zum kurzen „Austoben" zwischendurch.

Spielvorschlag

Montag:	Arme nach oben
Dienstag:	nach unten beugen
Mittwoch:	Arme zur Seite strecken
Donnerstag:	die Handflächen umeinander rollen
Freitag:	mit jedem Fuß einmal aufstampfen
Samstag:	in die Höhe springen
Sonntag:	mit beiden Armen einen weiten Sonnenbogen über dem Kopf beschreiben

Ein Jahr geht zu Ende

Text und Musik: Ingrid Gnettner

Nr. 23 und 47

Den zweiten Teil des Liedes können wir so lange es uns Spaß macht wiederholen. Damit wird uns der Jahreskreis in seiner ständigen Wiederkehr besonders bewusst.

Auch kleine Kinder wissen schon, dass ihr Geburtstag etwas ist, was sich wiederholt (in viel zu langen Abständen, meinen sie oft). Auch wenn er jedes Jahr anders gefeiert wird, die Kinder älter werden und vielleicht andere Freunde einladen: der Geburts-Tag fällt immer auf das gleiche Datum.
Größere Kinder kennen den Monat, in dem dieses Ereignis stattfindet, und manchmal auch seinen Platz im Jahreslauf. Sie wissen, welcher Monat davor an der Reihe ist und in welcher Jahreszeit sie geboren sind.

Mit diesem Lied prägen sich der Klang und die Abfolge der Monatsnamen bald ein.

Abschiedslied

Text und Musik: Ingrid Gnettner

Nr. 24 und 48

Einen gemeinsamen Tag mit einem Lied zu beschließen ist ein schönes Ritual. Nicht immer wird es möglich sein, sich gemeinsam zum Schluss zu verabschieden, da es in vielen Einrichtungen flexible Abholzeiten gibt.
Manchmal ist es sinnvoll, das Abschiedsritual vorzuverlegen und den Tag danach ausklingen zu lassen. Dabei können wir ja abgewandelt singen:

„Unsre Zeit ist bald zu Ende …“

¡IA!
¡MIAU!

Krippenkinder betreuen und fördern

Sinnesförderung im Krippenalltag

96 Seiten,
farbige Illustrationen
ISBN 978-3-7698-1905-2

Neue Tanz- und Bewegungsspiele

104 Seiten,
farbige Illustrationen
ISBN 978-3-7698-1906-9

Fingerspiele und Bewegungsverse für die Krippe

96 Seiten,
farbige Illustrationen
ISBN 978-3-7698-1840-6

Entwicklungsförderung mit kinesiologischen Spielen

96 Seiten,
farbige Illustrationen
ISBN 978-3-7698-1881-9

Mit Reihengeschichten, Lautgeschichten, Erzählkittelchen

100 Seiten, farbige Fotos
und Illustrationen, inkl.
CD-ROM
ISBN 978-3-7698-1838-3

Rituale, Spiele und Lieder für Krippe, Kita und Eltern-Kind-Gruppen

112 Seiten, farbige Illustrationen, inkl. Musik-CD
ISBN 978-3-7698-1866-6

Die schönsten Ideen für Krippe, Kita und Eltern-Kind-Gruppen

96 Seiten,
farbige Illustrationen
ISBN 978-3-7698-1855-0

Beobachten – Erkunden – Verstehen

96 Seiten,
farbige Illustrationen
ISBN 978-3-7698-1854-3

www.donbosco-medien.de

Kleine Kinder feiern Feste

Fasching, Fastnacht & Karneval feiern mit Ein- bis Dreijährigen
104 Seiten, farbige Illustrationen,
ISBN 978-3-7698-1903-8

Ostern feiern mit Ein- bis Dreijährigen
104 Seiten, farbige Illustrationen,
ISBN 978-3-7698-1904-5

Die Reihe „Kleine Kinder feiern Feste“ zeigt ErzieherInnen und Eltern-Kind-Gruppen-LeiterInnen, wie sie die Feste so gestalten, dass sich Unter-Dreijährige dem Kerngedanken des Festes nähern können: mit altersgemäßen Angeboten, lustigen Spielen, fröhlichen Liedern und Bastelideen.

St. Martin feiern mit Ein- bis Dreijährigen
104 Seiten, farbige Illustrationen
ISBN 978-3-7698-1877-2

Nikolaus feiern mit Ein- bis Dreijährigen
104 Seiten, farbige Illustrationen
ISBN 978-3-7698-1878-9

Advent und Weihnachten feiern mit Ein- bis Dreijährigen
104 Seiten, farbige Illustrationen
ISBN 978-3-7698-1879-6

DON BOSCO

LEBENDIG. KREATIV. PRAXISNAH.

Zur beiliegenden Musik-CD

Nr.	Liedtitel	Zeit
	Lieder mit Gesang	
1	Guten Morgen, liebe Augen	01:56
2	Heute ist ein schöner Tag	01:07
3	Ich begrüß dich: Hallo!	02:19
4	Einmal hin und einmal her	01:13
5	Der kleine Bär ist aufgewacht	01:57
6	Das Krokodil	01:16
7	Ach, wie mag das lustig klingen	01:29
8	Eine kleine Spinne	01:14
9	In unsrer Mitte sitzt ein Mann	00:58
10	Wir gehn im Kreis zur Tanzmusik	01:11
11	Mein Pferdchen	01:06
12	Fünf kleine Zwerge	00:56
13	Hallo, Sonne	01:22
14	Frühlingslied	01:08
15	Im Winter	02:11
16	Sonnenschein und Regen	01:54
17	Bin ich still	02:03
18	Krabbelfinger	01:07
19	Mein Schaukelstuhl	01:28
20	Wir zünden ein Licht an	01:17
21	Dankelied	01:12
22	Geburtstagslied	01:18
23	Ein Jahr geht zu Ende	01:31
24	Abschiedslied	01:23

Nr.	Liedtitel	Zeit
	Playbacks mit Melodiestimme	
25	Guten Morgen, liebe Augen	01:56
26	Heute ist ein schöner Tag	01:08
27	Ich begrüß dich: Hallo!	02:19
28	Einmal hin und einmal her	01:13
29	Der kleine Bär ist aufgewacht	01:57
30	Das Krokodil	01:16
31	Ach, wie mag das lustig klingen	01:29
32	Eine kleine Spinne	01:14
33	In unsrer Mitte sitzt ein Mann	00:58
34	Wir gehn im Kreis zur Tanzmusik	01:11
35	Mein Pferdchen	01:06
36	Fünf kleine Zwerge	00:56
37	Hallo, Sonne	01:22
38	Frühlingslied	01:08
39	Im Winter	02:10
40	Sonnenschein und Regen	01:39
41	Bin ich still	02:03
42	Krabbelfinger	01:07
43	Mein Schaukelstuhl	01:28
44	Wir zünden ein Licht an	01:11
45	Dankelied	01:12
46	Geburtstagslied	01:18
47	Ein Jahr geht zu Ende	01:31
48	Abschiedslied	01:23
	Gesamtspielzeit (mit Pausen)	**70:48**

Mitwirkende: Martin Göth (Gesang, Klavier, Akkordeon, Orff, Synthesizer, Percussion), Simon Rieger (Schlagzeug, Percussion), Karin Seidl (Gitarre), Heike Schlierf (Flöte, Querflöte), Laura Braun (Gesang), Monika Anzenberger (Gesang)
Tontechnik: Simon Rieger, Mix&Master; www.express-your-mind.de
Arrangement und Gesamtleitung: Martin Göth

© Don Bosco Medien GmbH